Couverture inférieure manquante

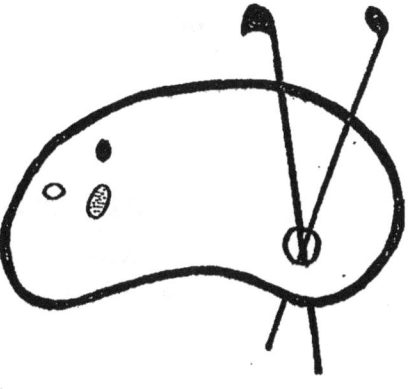

DEBUT D'UNE SERIE DE DOCUMENTS
EN COULEUR

COLLECTION D'HISTOIRE D'ALSACE ET DE LORRAINE
Publiée par *L'Alsacien-Lorrain*

THANN
A LA FIN DU XVᵉ SIÈCLE
(1469-1474)

D'APRÈS DES DOCUMENTS INÉDITS

PAR

CH. NERLINGER
Archiviste-Paléographe
Attaché à la Bibliothèque Nationale

PARIS
CHARLES SCHLAEBER, IMPRIMEUR-ÉDITEUR
257, RUE SAINT-HONORÉ, 257
—
1893

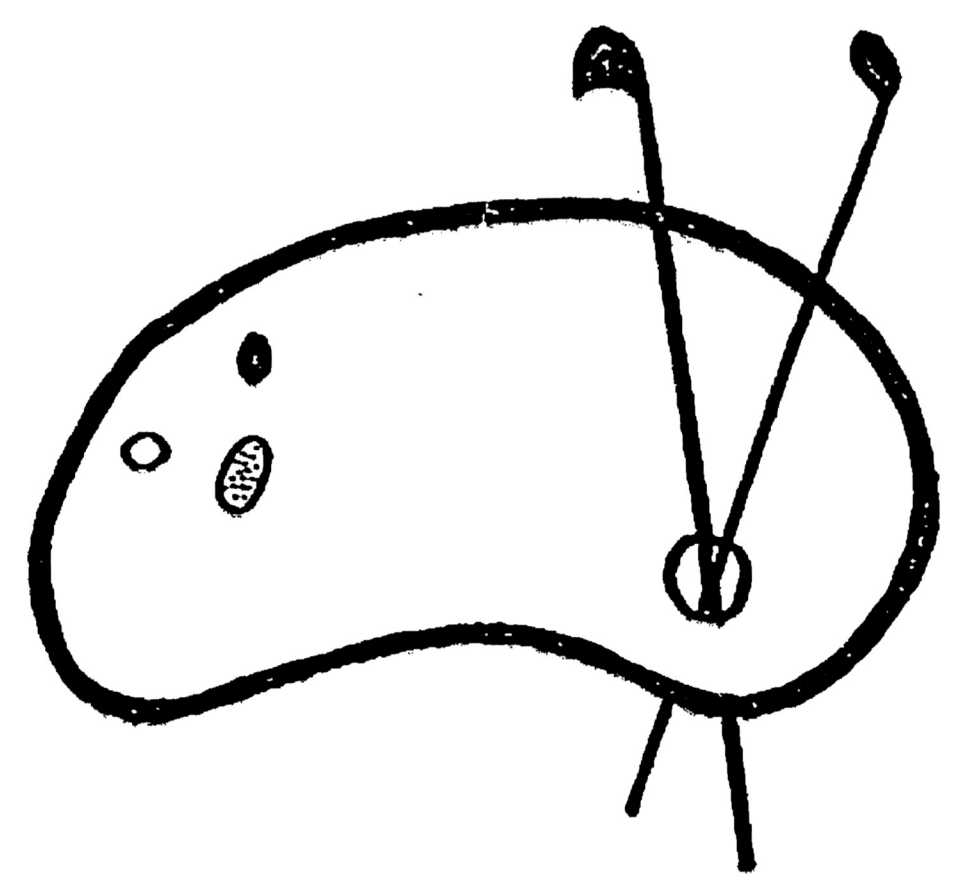

FIN D'UNE SERIE DE DOCUMENTS EN COULEUR

COLLECTION
D'HISTOIRE D'ALSACE ET DE LORRAINE

PUBLIÉE PAR

L'ALSACIEN-LORRAIN

A MES AMIS

GEORGES ET RODOLPHE KŒCHLIN

COLLECTION D'HISTOIRE D'ALSACE ET DE LORRAINE
Publiée par L'*Alsacien-Lorrain*

THANN

A LA FIN DU XV° SIÈCLE

(1469-1474)

D'APRÈS DES DOCUMENTS INÉDITS

PAR

CH. NERLINGER

Archiviste-Paléographe
Attaché à la Bibliothèque Nationale

PARIS
CHARLES SCHLAEBER, IMPRIMEUR-ÉDITEUR
257, RUE SAINT-HONORÉ, 257

1893

THANN A LA FIN DU XVe SIÈCLE

(1469-1474)

I

Les documents antérieurs au XVIe siècle nous donnant des détails précis sur une ville, sur sa configuration, sur ses habitants, leurs mœurs, le gouvernement en usage sont fort rares. Il est souvent bien difficile de se faire une idée bien nette de ce que fut la vie de nos ancêtres à une époque un peu éloignée de nous. Aussi, le rapport des commissaires bourguignons, écrit en 1473, et envoyé à Charles le Téméraire, que renferment les archives de la Côte-d'Or à Dijon, est-il de la plus haute importance. Grâce à lui nous pouvons reconstituer dans une certaine mesure la vie d'une cité alsacienne à la fin du XVe siècle, pendant les cinq années que dura la domination bourguignonne dans la Haute-Alsace.

Quand le duc de Bourgogne prit possession des domaines alsaciens que lui avait cédés Sigismond d'Autriche, la situation y était des plus confuses, et Charles le Téméraire y envoya à diverses reprises des commissaires qui devaient lui adresser des rapports détaillés sur l'état exact dans lequel se trouvait le pays[1]. Quelques-uns sont perdus probablement, mais d'au-

---

1. Il y eut, à notre connaissance, au moins trois missions d'enquête envoyées par le duc dans les pays nouvellement acquis et les rapports rédigés par les enquêteurs nous sont parvenus. Le 3 décembre 1469, Pierre de Hagenbach, Pierre de Morimont et Besançon Philibert sont chargés d'en dresser un sur la situation de Thann, de Bergheim et des autres fiefs engagés, sur le conseil de régence et ses conseillers, sur Mulhouse, sur la monnaie en usage dans le pays et sur la garnison nécessaire à la sûreté de la con-

tres nous sont parvenus. De ce nombre est celui rédigé par Mougin Contault[1], maître des comptes à Dijon, et par Laurent Blanchard, clerc et auditeur des comptes.

Les instructions données à Contault avaient été très précises[2]. Il devait s' « informer bien deuement et diligemment des rentes et revenus que nostredit seigneur a et lui appartiennent en son dit pays de Ferrates, et tant de demaine comme autrement, et que, ce fait, vous oyez les comptes de ses receveurs illec et faictes leurs estaz, et que de ce qu'il sera trouvé par vous de clerc par lesdiz estaz, vous payez et contentez ses officiers audit Ferrates de ce qu'il leur est deu à cause de leurs gaiges jusques a présent, et se ledit clerc n'y peult satisffaire, nostredit seigeur veult que, en ce cas, par Jehan Scaghe[3] commis à recouvrer et faire venir tous les deniers des pays de mondit seigneur en Bourgogne, nous faisons desdits deniers payer et contenter lesdits officiers entièrement de leursdits gaiges du temps passé. En vous mandant au surplus, par icelles ses lettres closes, nous faire par vous informer quelz gaiges l'on a par cydevant payez pour les gardes et capitaines des

---

trée (Arch. Côte-d'Or B. 1019). — En 1471 Jean Poinçot et Jean Pillet sont envoyés dans la seigneurie d'Ortemberg et le 16 septembre ils ont rédigé un rapport détaillé sur leur mission. — Enfin au mois de mai 1473 Mougin Contault, après une visite sérieuse de tout le grand bailliage, remit un travail considérable et très détaillé qui a servi de base à notre étude.

1. Arch. Côte-d'Or, B. 1051. Ce document porte le titre de : *Roulle de l'informacion faite par ordonnance de monseigneur le duc de Bourgogne en ses pays de Ferrates et d'Auxay sur plusieurs matières ci desclairées.* Il forme un cahier in-folio de 60 feuillots.

2. Les lettres de commission à Mougin Contault ont été signées sur l'ordre du duc par Jean Jouard, seigneur de Chevannes, chef du conseil et président du parlement de Bourgogne, Claude de Dinteville, chevalier, seigneur de Champlitte, conseiller et chambellan ducal, et Jacques Pourcelot, conseiller du duc et maître des comptes à Lillo. La lettre close du duc adressée à Jean Jouard était datée de Gand le 12 mai 1472. (Arch. Côte-d'Or, B. 1051.) — Mougin Contault et Laurent Blanchard étaient en outre munis d'une lettre de sauvegarde dont voici les termes : A cet effet... « *Mandons et commandons audit grant bailly de Ferrattes son lieutenant ou aux conseillers audit lieu, à tous autres justices, officiers et subjecz d'icellui seigneur requérons aultres que a vous en ce soit faict obéissance et entièrement, diligemment et vous doint en conseil ayde et confort et assistance es cas et ainsi qu'il appartiendra. Donné à Dijon soubz nos signetz le 17e jour de décembre l'an mil CCCC soixante et douze.* » (Rapp. Contault, fos 4 et 5.)

3. Ce nom est écrit de différentes façons, mais l'orthographe que l'on rencontre le plus fréquemment dans les documents du temps est : Jehan de Lestaghe.

places de Tanne, Lanser, Ortemberg, Anguessey (Ensisheim) et autres places ; lesquelles cappitaines (cappitaineries?) mondit seigneur a donnéès et ouctroyées audit grant bailli de Ferrates, et avec ce, nous faire informer par vous des places dont nostredit seigneur a besoing et qui lui sont nécessaires pour les racheter. »

Ces instructions étaient complétées par une autre lettre close du duc envoyée de Valenciennes, le 15 mai, qui enjoignait aux commissaires de s'informer très exactement des rentes et revenus du duc au pays de Ferrettes, « tant de demaine comme autrement » et d'en dresser un état. Ils devaient payer les réparations déjà faites dans les forteresses et les villes. Par d'autres lettres enfin, datées également de Gand le 12 mai, ils devaient compter à Jean-Erhard de Reinach la somme de cent florins du Rhin, prix du « droit de pescherie » à Thann. Ce droit avait été engagé au sire de Reinach depuis assez longtemps déjà et il l'avait rétrocédé au duc de Bourgogne, mais n'avait pas encore été payé. Tous les titres provenant de ce rachat devaient être envoyés à la Chambre des Comptes à Dijon. Une fois remis en possession de ce droit de pêche, les enquêteurs devaient l'affermer à un prix aussi élevé que possible, « pour le plus grant et évident prouffit de nostredit seigneur, ainsi que l'on a accoustumé de fere de ses autres fermes, en chargeant le receveur de ce quartier (Thann) d'en faire recepte chascun an au prouffit de nostredit seigneur[1]. »

Sur l'ordre du duc, ils quittèrent Dijon le 26 décembre 1472 et arrivèrent à Thann le 3 janvier 1473. Le lendemain, ils se présentèrent devant le grand-bailli bourguignon Pierre de Hagenbach et lui remirent leurs lettres de commission. Le jour même, ils commencèrent leur enquête et firent prêter serment de dire la vérité, selon la coutume du pays, à ceux qu'ils interrogeaient. Cela dura dix jours entiers. Ils parcoururent ensuite tout le Sundgau et les Villes Forestières et firent les mêmes

---

1. Rapp. Contault, f°s 1 à 4.

enquêtes. Le 14, ils sont à Ensisheim et s'informent auprès de Hans Mayer, écuyer, lieutenant du grand-bailli et son capitaine au château d'Ortemberg, de la situation de cette seigneurie, dont dépendait le Val de Villé. Le 18, ils sont à Lauffenbourg, le même jour encore à Rheinfelden et le 21 nous les retrouvons à Ensisheim.

Ils consignèrent soigneusement tout ce qu'ils virent et entendirent. Ils surent ainsi enlever à leurs procès-verbaux cette aridité maussade des pièces administratives ou juridiques. Le pays qu'ils parcouraient leur plut beaucoup et en maint endroit on trouve des traces de leur admiration, chose bien rare dans des documents de cette sorte. C'est ainsi que Thann leur fit une très bonne impression et ils la trouvèrent : « une gente et bonne petite ville, bien close et fermée de fossés, glacis, garniz de caue de fontenys et de bonne muraille bien deffensable et couvertes sur les alées d'icelles; en laquelle ville est commencée, et fort advencée une mout belle et somptueuse église en honneur de Dieu et de monseigneur Saint Thiebault, où il a grant apport fondée d'un prévost et de xii chanoines qui sont à la collation de mondit seigneur (le duc) et peult valoir chacune prébende xxx livres balois, chascun an et ainsi est l'une des principales bonnes villes dudit conté de Ferrates, comme l'on dit[1]. »

On le voit, l'enquêteur ne perd jamais ses droits, et, même en décrivant une ville, qu'il trouve de son goût, il ne néglige pas de s'informer en passant de la valeur des prébendes de l'église principale, dont la collation appartient à son duc. Contault ne l'oubliait pas davantage le 8 janvier, quand, accompagné de Pierre de Hagenbach, de Guillaume Brediaire, receveur de Thann, et de Laurent Blanchard, il monta au château qui dominait la ville. Son rapport est à cette occasion un mélange d'admiration pour la solide assiette de la forteresse, un dénombrement de notaire, une indication approxi-

1. Rapp. Contault, f° 23 v°.

mative des sommes nécessaires à sa réparation et une manifestation fort vive des regrets qu'il éprouvait en constatant le triste état dans lequel il la voyait.

Le château semble avoir été en effet dans un bien grand délabrement, et nous savons qu'avant de le quitter Sigismond d'Autriche l'avait fait mettre dans un pitoyable état[1]. Les salles étaient absolument vides de meubles et l'on n'y trouva que « quatre soilloz de cuyr et deux vieilles selles de jouste qui ne vaillent pas deux blans ». Les gens du duc avaient enlevé jusqu'aux portes et aux fenêtres dont ils n'avaient même pas laissé les gonds et les serrures et avaient tout vendu ou détruit. Sur les remparts, pas une pièce d'artillerie; les toits crevés et la pluie pénétrant librement et pourrissant les planchers des salles; la grosse tour n'avait même plus de toit et ses murs étaient fortement endommagés; la chapelle ne valait guère mieux. Bref, la ruine était si grande, et augmentait tous les jours à tel point, que Contault n'estimait pas à moins de 380 florins d'or[2] la somme nécessaire aux réparations urgentes, sinon, ajoute-t-il, « ladite place pourroit cheoir en ruyne qui seroit un tres grant dommaige, car ladite place est merveilleusement forte ».

Il pleuvait ce jour-là à torrents, et, plus d'une fois sans doute, Contault reçut « plusieurs goutières » qui tombaient à travers les planchers effondrés. Ce devait être une mélancolique visite par cette froide journée de janvier. Par les larges baies privées de leurs fenêtres, les montagnes boisées de la profonde vallée de Saint-Amarin étaient toutes voilées de brumes et les vio-

---

1. Rapp. de Contault, f°s 23 v° à 26 r°. « Les gens du duc d'Autriche avant leur partement dudit chastel avoient hosté les portes, fenestres, gonds, serrures, chaudières et tous autres biens qui y estoient et les avoient venduz et faiz ce que bon leur en avoit semblé. »

2. La valeur du florin d'or a beaucoup varié au cours du xve siècle. Il faut consulter à ce sujet l'excellent ouvrage de M. l'abbé Hanauer : *Études économiques sur l'Alsace ancienne et moderne*. En 1469, le florin d'or était au titre de 791.6, du poids de 3^g,383, du poids fin de 2^g,677 et d'une valeur intrinsèque de 7 fr. 07 c. En 1474 nous trouvons les chiffres suivants : 770.8 (titre), 3.367 (poids), 2.595 (poids fin), 6 fr. 39 c. (valeur). Pour avoir la valeur qu'il aurait de nos jours, il faudrait plus que décupler ce chiffre. V. le tableau donné par M. Hanauer, I., p. 463.

lentes rafales s'engouffraient librement, secouant le château et agitant les longs manteaux dont étaient revêtus Pierre de Hagenbach et ses compagnons. Un peu en arrière d'eux venaient quelques ouvriers maçons, charpentiers et « recouvreurs » dont l'assistance était nécessaire pour évaluer le chiffre des réparations.

La montée avait été rude pour maître Mougin Contault, peu habitué sans doute aux chemins de nos montagnes. Il lui avait fallu « grant peine et bien long chemin à monter » avant d'arriver à la première enceinte du château qui semble en avoir compté quatre. Le château proprement dit se trouvait dans la dernière, « assiz bien hault sur ung rocq entre bien haultes montaignes ». Le donjon, qui est encore debout en partie et dont le haut s'est couché d'une façon si curieuse sur sa base, quand Turenne le fit sauter en 1675, occupait le point le plus élevé[1]. A son pied courait la dernière enceinte dans laquelle on pénétrait par une grosse porte surmontée d'un corps de logis. Tout près de là se trouvaient les étables et les écuries. Non loin des écuries, il y avait un bâtiment réservé aux cuisines, se composant d'une grande et d'une petite qui donnaient accès d'un côté à un four et de l'autre à une grande salle, un « poille », sous laquelle se trouvait le cellier.

Le « poille » touchait à un bâtiment appelé la maison du duc et qui devait sans doute être le logis du capitaine commandant le château. Un autre bâtiment s'appelait la maison des chevaliers et devait servir à loger les gens d'armes ; quant aux simples gens de guerre, nous ne savons où pouvait se trouver leur logis. Assurément il devait y avoir un casernement spé-

---

1. Le château de Thann, appelé encore *Engelbourg*, avait été construit par les comtes de Ferrette. A l'origine, c'était un alleu qui ne fut offert en fief qu'en 1251 à l'évêque de Strasbourg. La fille du dernier comte de Ferrette, Jeanne, qui avait épousé Albert d'Autriche, en hérita en 1347 et depuis ce moment le château et la seigneurie appartinrent à la maison de Habsbourg. Ruiné pendant la guerre de Trente ans, il fut donné à Mazarin et passa à sa mort aux ducs de Valentinois jusqu'à la Révolution. Il est aujourd'hui complètement en ruine. Le donjon, qui a été renversé si bizarrement, présente l'aspect d'un trou rond, appelé par les gens du pays « l'œil de la sorcière », car les sorcières ont joué un grand rôle dans l'histoire de la ville. (Mossmann, *Les Origines de Thann*. — Revue d'Alsace, 1873.)

cial pour eux, car il y avait une garnison permanente au château, pour tenir en respect les bourgeois de Thann, dont on n'était pas très sûr et la précaution était certainement bonne, puisqu'au mois de juin de cette même année ils se révoltèrent. Étant habité constamment, leur logis devait se trouver en bon état, car le rapport de Contault ne parle que des édifices qui avaient besoin de réparations, et de ce nombre était aussi une « belle petite chapelle garnie d'ornemens d'autel nécessaires, fondée d'une messe par chascun jour et qui est de la collation de mondit seigneur (le duc)[1] ».

Tous ces « maisonnemens », comme dit si pittoresquement maître Mougin Contault, étaient en piteux état. Les toits recouverts de tuiles et de bardeaux de bois de sapin avaient de grands trous et parfois n'existaient même plus du tout. La pluie et la neige entraient librement et pourrissaient les planchers et les plafonds, la gelée faisait éclater les murs. Les murailles d'enceinte seules semblent avoir été en bon état. C'est de ce côté-là que se tournait tout le soin du grand-bailli qui était en même temps capitaine du château[2]. L'argent lui faisait défaut pour faire les réparations nécessaires aux bâtiments d'habitation. C'était là la grande plainte qu'il ne cessa jamais de formuler pendant toute la durée de son gouvernement, mais en vain. Il avait à ses propres frais muni les remparts de pièces d'artillerie, c'est-à-dire de « deux grosses serpentines, environ xx couleuvrines et huit ou dix arbalestes de pas, comme de traict, de tarrois et de cranicillie avec plusieurs tonnelez de poudre de canon et harnois de guerre[3]. »

---

1. La chapelle du château de Thann était dédiée à sainte Catherine. Elle avait été élevée par les comtes de Ferrette et richement dotée. (Chron. de Thann, I, 284. — *Kleine Thanner Cronik*, p. 18. — Schœpflin-Ravenez, IV, p. 102.) Sur la montagne du Rangen, qui s'élevait en face du château, il y avait à mi-côte une autre chapelle qui était dédiée à saint Urbain. (Chron. Thann, I, XXI.)

2. D'après Coste (*Notice sur le Vieux-Brisach*, Revue d'Alsace, 1853, p. 280, note), Pierre de Hagenbach aurait été nommé capitaine de Thann le 20 août 1470. Voir également C. Chr. Bernouilli : *Der Landvogt Peter von Hagenbach* (*Beiträge zur vaterl. Gesch.* Basel, 1890, p. 337.)

3. Rapp. Contault, f 25 v°.

De combien d'hommes se composait la garnison du château en temps ordinaire? C'est là un point assez difficile à éclaircir. Le receveur de Thann, Guillaume Brediaire, interrogé à ce sujet, déclarait qu'en temps de paix il n'y en avait que quatre, plus le portier. En temps de guerre, ce chiffre était porté à douze[1]. Cela semble bien peu pour une forteresse de cette importance et cette petite garnison eût été littéralement incapable de servir seulement les canons placés sur les remparts, et, malgré la solidité des murs, elle n'eût pu résister longtemps à une attaque des bourgeois de Thann, et cependant nous savons que par deux fois elle les repoussa victorieusement, en juillet 1473 et en avril 1474. La garnison devait donc être beaucoup plus forte et d'un entretien assez coûteux.

Cela ressort des déclarations mêmes de Brediaire, des chevaliers Bernard de Bollwiller, de Hermann Waldner de Freundstein et d'Étienne de Hagenbach. Tous déclarent à l'envi qu'il n'était nullement aisé d'entretenir le château, tant à cause de la rude montée qui y menait et rendait difficile son approvisionnement, que pour les grands frais occasionnés par la solde des troupes et la difficulté de se procurer du bois qu'il fallait aller chercher bien loin de là et dont le transport était des plus pénibles. Ni l'un ni l'autre n'auraient voulu accepter cette charge pour les cinq cents florins d'or par an que touchait le grand-bailli. On le voit, ce poste n'était guère convoité et de plus il était fort dangereux à cause des « querelleurs dudit Ortemberg et autres gens de guerre alans par le pays et aussi que ladite place de Tanne est forteresse et clef et entrée des pays de Lorraine, sans ce qu'il y ait autre passaige... »

Pierre de Hagenbach l'avait accepté quand même, car son dévouement au duc Charles était sans bornes et il dut rêver plus d'une fois de faire de ce château, à demi ruiné, une forteresse inexpugnable, qui lui permettrait de tenir en respect tout le Sundgau, en lui ouvrant en même temps une route vers cette Lorraine que son maître aurait tant voulu posséder.

1. Rapp. Contault, f°¹ 14, v° 15 r°.

De là-haut il dominait Thann, qui ressemblait à cette époque à toutes les villes de la fin du moyen âge. Partout des maisons à toits hauts et pointus, à plusieurs étages de lucarnes, aux rampants crénelés, aux fenêtres et aux portes encore ogivales et ne montrant guère encore le bel arc surbaissé, dont on trouve de si beaux exemples aux maisons de Dijon datant de cette époque. Beaucoup avaient leurs façades décorées de peintures, souvent fort belles, mais aussi d'un goût parfois douteux. Les moindres possédaient une inscription rimée au-dessus de leurs portes, et dans ces vers, l'esprit frondeur de nos aïeux se donnait souvent libre carrière. Les rues étaient tortueuses et étroites, pas toujours bien propres et quelques-unes peut-être seulement étaient pavées d'un rude cailloutis. Des remparts crénelés entouraient la ville qui avait la forme d'un grand carré, ayant à chaque angle une tour ronde, dont deux subsistent encore[1]. La Thur longeait l'un des côtés et des fossés entouraient sans doute les trois autres. Dominant les maisons, la basilique de Saint-Thiébaut s'élevait dans les airs, légère et gracieuse, mais inachevée, car autour de son clocher étaient encore accrochés de lourds échafaudages, qui ne devaient être enlevés que bien des années après; on ne travaillait pas vite en ce temps-là[2]. Il y avait aussi dans un coin de la ville le couvent des Franciscains, possédant un riche

---

1. Dès 1360, on avait commencé à entourer la ville de murailles; en 1370, elles étaient achevées et les grosses tours dans le Cattenbach, contre la Thur, étaient élevées. En 1387, on agrandit l'enceinte et l'on y fit entrer le faubourg de Saint-Jacques-le-Majeur qui comptait alors 45 maisons, parmi lesquelles les logis de plusieurs familles nobles, entre autres des Reinach, des Landenberg et des Wunnenberg. En 1394, l'enceinte fut complètement achevée et en 1411 on ouvrit une porte menant du côté de l'Ochsenfeld. (Chron. de Thann, I, 657, 658, etc...)

2. La construction de la cathédrale de Thann dura fort longtemps. En 1160 il existait déjà une église sur son emplacement; elle fut reconstruite au XIII° siècle, peut-être en 1275. Les travaux marchèrent lentement, car en 1344 seulement on commença la construction de la tour et du chœur qui furent consacrés en 1316 et le chœur ne fut achevé définitivement qu'en 1421, et consacré l'année suivante. En 1363, il est vrai, on avait tout interrompu, on ne sait pour quelle raison, ni durant combien de temps. En 1428 on acheva la façade occidentale, en 1410 on jeta les fondations des bas-côtés du nord et en 1506 seulement on acheva le clocher. L'église ne fut définitivement terminée qu'en 1516. (Chron. de Thann. — Krauss (F. X.), *Kunst und Alterthum in Elsass-Lothringen*, I, Ober-Elsass, v° Thann. — Mossmann : *Les Origines de Thann*. Revue d'Alsace, 1873.)

dépôt d'archives, dont devait se servir trois siècles plus tard le Père Malachias Tschambser pour compiler sa Chronique de Thann[1].

Depuis 1400 la ville possédait aussi une léproserie, un Guthleuthaus, comme on disait alors[2]. Il y avait aussi un hôpital de Saint-Erhard, dont on trouve une mention dès 1325[3]. En 1406, on avait construit sur le cimetière de Saint-Thiébaut un ossuaire ou *Görner*[4].

Thann possédait aussi sa « grant rue », qui traversait la ville dans toute sa longueur, et dans laquelle se trouvaient la « maison de ville » et les logis des principaux habitants et des fonctionnaires. Nous savons que Jean-Erhard de Reinach et Pierre de Hagenbach y avaient leurs demeures. Celle du grand-bailli était tout près de l'hôtel de ville et était fief bourguignon[5]. La famille de Hagenbach la possédait déjà depuis de longues années et, dès le xive siècle, on trouve mentionnée leur demeure à Thann[6]. Le grand-bailli en possédait une autre située en dehors de la ville, tout près du château et qui était entourée d'un jardin[7]. Pierre de Hagenbach fit de fréquents séjours à Thann et dut résider alternativement dans l'une ou dans l'autre, de préférence au château, qui n'était guère habitable cependant, comme nous le savons déjà[8]. Quand, le 24 janvier 1474, il se remaria à Thann, c'est dans sa maison de la ville qu'eut lieu probablement le fameux festin, sur lequel le chapelain Knebel a raconté tant d'inexactitudes[9].

1. Les Franciscains firent leur apparition en 1275, mais ne s'établirent définitivement qu'en 1297. Leur couvent est occupé aujourd'hui par l'hôpital. (V. Chron. de Thann.)
2. Chron. de Thann, I, p. 469.
3. *Ibid.*, p. 318.
4. *Ibid.*, p. 481.
5. « *En la grant rue, près de la maison de la ville, une maison laquelle notoirement est mouvant du fié de mondit seigneur.* » (Rapp. Contault, f° XI v°.)
6. Mone, Quellensammlung, III, p. 185.
7. *Der lag hert am Schlosz.* (*Reimchronik*, chap. 31.)
8. Chron. Thann, I, p. 628.
9. V. sur le mariage de P. de Hagenbach notre étude sur Pierre de Hagenbach et la domination bourguignonne en Alsace, p. 96.

Il possédait sans doute aussi des vignes sur le coteau du Rangen ou du Staufen et la *Reimchronik* l'accuse sans ambages d'avoir dépouillé ses voisins, qui étaient bourgeois de Thann, pour arrondir ses propres possessions[1]. L'accusation mérite confirmation et il est probable que le chroniqueur se trompe. Hagenbach confisqua effectivement les biens de quelques bourgeois de Thann, mais ce fut après la révolte de juin 1473 et la confiscation eut lieu au profit du duc. Peut-être le grand-bailli eut-il une part des biens saisis; toujours est-il qu'aucun document ne nous le dit.

La ville n'était pas très peuplée. On n'y comptait que cinq cents feux[2]. S'ils étaient peu nombreux, en revanche, les bourgeois de Thann étaient gens bien remuants et de fortes têtes qui ne se laissaient pas facilement abattre. Ils en donnèrent des preuves du reste. Il y avait aussi parmi eux des juifs, chose fort rare alors. Ils ne comptaient, il est vrai, que trois familles très pauvres[3]; d'autres étaient répandues sur les possessions bourguignonnes, mais les commissaires ne purent connaître leur chiffre exact. L'homme le mieux renseigné d'alors, Guillaume Brediaire, le receveur de Thann, l'ignorait. Il ne savait pas non plus s'ils payaient la moindre redevance au seigneur du pays. Ce fait est assez curieux, et si, comme cette déclaration pourrait le faire supposer, les juifs du comté de Ferrette étaient francs de toute charge, on ne s'explique pas très bien pourquoi leur nombre était si restreint. Il semble qu'ils eussent dû affluer dans une contrée où on les ménageait, alors que dans le reste de l'Alsace ils étaient le plus souvent saignés à blanc.

Pierre de Hagenbach était le vrai maître de Thann. La ville avait bien son organisation municipale parfaitement

---

1. *Reimchronik*, chap. 31.

2. Rapp. Contault, f° 17 v°. Dans ce chiffre n'était pas comprise la population des faubourgs ; 35 villages dépendaient de la seigneurie de Thann, évalués à 700 feux.

3. « ...*Avec leurs femmes, enfans et maignies, mais il* (Brediaire) *ne scet pas que mondit seigneur ait accoustumé de prendre aulcun droit sur eulx et n'en a rente receu; bien a il ouy dire que tous les juifs qui estoient demourans oudit conté de Ferrates faisoient ensemble une somme qu'il ne savoit déclarer, que ledit bailli prenoit à son prouffit et autrement ne le fut.* » — *Ibid.*, XIII v°.

distincte, mais Mougin Contault ne nous en dit pas grand'-chose. Tous les fonctionnaires, comme on sait, avaient été maintenus dans leurs charges par le duc de Bourgogne. Nous savons seulement qu'il y avait des conseillers[1] présidés par un prévôt ou un major (maire), mais qu'au-dessus d'eux il y avait le receveur bourguignon (*Schaffner*), qui paraît avoir été tout-puissant, sans que nous sachions bien nettement quelles étaient ses attributions. Il semble bien qu'il possédât tous les pouvoirs d'un lieutenant du grand-bailli.

En 1472, le receveur de Thann se nommait Guillaume Brediaire. Telle est du moins l'orthographe du nom donnée par Contault. N'en ayant pu découvrir la vraie forme, nous la lui conserverons. C'était un homme de 38 ans, qui devait jouir d'une excellente réputation dans la ville et à laquelle tous rendaient hommage[2]. Il était en charge depuis 1470 et les difficultés n'avaient pas dû lui manquer. Son prédécesseur avait été Louis de Masevaux. Son office lui rapportait par an 26 livres balois et 12 chars de foin d'une valeur approximative de 12 livres. Il recevait chaque année une robe valant 10 livres et percevait une part des menues amendes, enfin le seigneur de Reiningen lui envoyait « quatre quarricons » d'avoine pour nourrir son cheval[3].

1. Pour 1465 nous trouvons les noms des conseillers suivants : Hans Giesser (Schaffner), Hans Lupfrid, Hans Hoberti, Henslin Kuon, Diebolt Tschänlin, Hans Raine, Claus Freydanckh, Heinrich Schultz, Conrad Muller, Diebolt Baldeckh, Quirin Friderich, enfin Christian Tilge, le Weibel ou appariteur. (Chron. Thann, I, 619.) De plus, nous trouvons à la même date les noms des gens de justice : Ullmann Hurdler, Claus Freydanckh, Conrad Lotz, Clevin Tschamsee, Claus Nussbaum, Heinrich Rothkopf et Quirin Brodbeckh. Le conseil devait probablement se renouveler tous les cinq ans. (*Ibid.*) Nous n'avons aucune raison de croire que Pierre de Hagenbach les ait remplacés par d'autres durant son gouvernement et nous n'en avons trouvé aucune preuve.

2. Étienne de Hagenbach dit de lui : « *Qu'il congnoist bien ledit Guillaume qui est bonne personne et de bonne et honneste conduite et preud'homme et peult avoir chavance, qu'il a acquist, de III ou IIII^c frans, et ne semble pas, à lui qui parle, que en peult trouver autre, legièrement ne futillement, qui vouldsist prendre la charge de ladite recepte, combien qu'il lui semble que ledit Guillaume en vouldroit estre deschargé.* » (Rapp. de Contault, f° 19 r°.) Jacquin Truchenal, marchand, bourgeois et conseiller de Thann, porta sur lui un semblable jugement en disant qu'il était « *de faculté et chavance souffisante, bonne et honneste personne* ». (*Ibid.*)

3. Le seigneur gagier d'Altkirch, Henri de Ramstein, prenait annuellement 60 sous balois sur la recette de Thann (à charge de rachat) ; « *quant il plaira à mondit seigneur le duc racheter ladite seignorie de Haltechich* » (Altkirch). Rapp. Contault, XI v°.

II

Le précieux rapport de Contault nous permet de nous rendre compte d'une manière assez complète de la vie intérieure de la ville. Par lui, nous savons d'abord que Thann avait une grande foire annuelle, qui se tenait le lendemain de la Nativité de Notre-Dame (9 septembre)[1]. Elle devait être certainement très importante à cause de la position même de Thann, située en Alsace, mais à proximité de la Lorraine. Outre la foire, il y avait un grand marché hebdomadaire, le samedi, qui s'est conservé jusqu'à nos jours[2]. Les marchands qui prenaient part à la foire payaient une redevance fixe et la recette devait être fort lucrative pour le duc de Bourgogne qui en percevait la moitié et la ville l'autre. Ceux des marchands au contraire qui venaient vendre leurs denrées au marché du samedi ne payaient rien.

Les profits du duc de Bourgogne eussent été maigres s'il n'avait eu que ces revenus. Il en possédait d'autres heureusement. Il avait sa part des amendes infligées aux condamnés, comme nous le verrons plus loin, ensuite, les habitants de Thann étaient tenus de lui acquitter la taille personnelle, mais nous ignorons le chiffre de son produit[3] ; puis, il avait aussi le bénéfice que lui rapportait la vente du sel[4]. Il y avait un grenier à sel à Dannemarie que le duc donnait à ferme, ce qui, paraît-il, lui rapportait davantage. Le duc ne percevait pas le droit de

---

1. Rapp. Contault, f° 12 v°.
2. Ibid.
3. Ibid. Elle était acquittée non aux termes usités en Bourgogne, mais aux termes fixés par la coutume du pays.
4. « *L'on a accoutumé de user du sel de Lorraine et que mondit seigneur a plus de prouffit de bailler à ferme que de le fournir de sel, pour les dangiers que peuent advenir es voicturiers et charretiers que amènent ledit sel dudit pays de Lorraine audit Dannemarie par les creues des eaues ou temps d'iver ou autrement.* » (Ibid., f° XII r°.)

— 14 —

sceau à Thann, le profit en revenait à la ville[1]. En outre, il prélevait des droits sur la pêche dans la Thur; seulement, la « pescherie » était engagée depuis fort longtemps à Jean-Erhard de Reinach, et n'avait pas encore été rachetée[2]. Enfin le duc possédait une série de vignobles aux environs, ainsi répartis[3] : trois pièces de vigne sur le Rangen[4], comprenant l'une 18, la seconde 12 et la troisième 50 ouvrées d'une valeur de 10 livres l'ouvrée; sur la « montaigne de Blosse », 18 ouvrées; sur la colline du château, appelée le Rebgarten, 10 ouvrées; sur le Molkenrain, 20; enfin tout près du château il y avait encore 5 ouvrées, mais qui n'étaient plus estimées que 100 sous l'ouvrée.

Toutes ces vignes devaient être fort mal cultivées et le

---

1. « *Le bailleur scelle de son scel armoyé de ses armes, mais au regard des contraitz, les habitans dudit Tanne, par octroy des ducs d'Autriche, ou scel duquel ils usent notoirement et en ont le prouffit.* » (Rapp. Contault, XIII v°.)

2. Cette « pescherie » était divisée en deux parties dont une seulement était affermée à Jean de Reinach. Elles pouvaient rapporter tous les ans de 15 à 16 livres. Pour ce qui concernait la part affermée, Brediaire déclara qu' « *il ne lui semble pas que ladite pescherie dudit messire Herard se peult admodier que environ XXX ou XL sous par an, au plus hault, pour ce que n'est que ung gourt, estant devant la maison dudit messire Jehan Herard audit Tanne, et que ladite pescherie dessus dure environ demie lieue, par quoy elle peult mieux valoir que ledit gourt, combien que oudit gourt l'on a accoustumé prendre en temps d'estey, que les eaues sont très basses, grant nombre de truictes et dit l'on que ledit messire Jehan Herard que tenoit ladite maison de franc aleuf...* » (Rapp. Contault, f° XIV r°.) La « pescherie » avait été engagée pour la somme de cent florins du Rhin (*Ibid.*, f° II v°, sqq.)

3. *Ibid.*, f°˙ 16 et 17.

4. Sur le Rangen croissait l'un des plus célèbres et des plus chauds vins d'Alsace. Le poète Fischart en a donné une bien jolie peinture : Im Rangenwein zu Dann, da steckt der hreilig S. Rango, der nimpt den Rang unt ringt so lang, bis er einem rængt und brængt unter die Bænk (*Gargantua*, édit. de 1607, chap. XVI). — Ichtersheim de son côté dit qu'un homme peut difficilement en boire un pot sans être renversé (*ohne bodenwerfenden Rausch*), bien qu'il s'insinue dans le corps aussi doucement que le lait (*da er doch wie Milch einschleicht*) [*Top. des Elsasses*, II, 33]. De son côté le franciscain de Thann ajoute malicieusement : Que celui qui abuse de ce vin se garde de l'air et de la promenade ; il vaut mieux le croire que d'en faire l'expérience ; après tout, ceux qui en ont fait l'épreuve peuvent en porter le plus sûr témoignage. (*Kl. Thanner Chronik, 1776, p. 78.*) — V. encore Diebold Schilling, *Burgunder Kriege*, p. 28, et Ch. Gérard, *l'Ancienne Alsace à Table*. Ce dernier auteur dit que lorsque les Bourguignons vinrent à Thann en 1469, ils trouvèrent de ce vin dans diverses maisons, entre autres dans celle du sire de Reinach. C'est une erreur et il faut attribuer ce pillage non pas aux Bourguignons, mais aux Suisses qui prirent la ville ou du moins ses faubourgs en 1468 et y commirent de grands excès. V. Diebold Schilling, *l. c.*, p. 20. — Aujourd'hui le vin de Rangen a perdu son vieux renom. Quelques clos seulement en donnent encore. Les vieux ceps ont été remplacés par d'autres de qualité inférieure mais plus productive.

« treul » ducal qui se trouvait à Thann et qui devait servir à presser leur produit était en ruine. Aussi Brediaire donna-t-il le conseil de les vendre toutes et de racheter avec l'argent de la vente le village de Roppe, dépendant de la seigneurie de Thann et qui était engagé pour 900 florins. La vendange de ces vignes était faite par les habitants de Masevaux, qui étaient tenus de fournir chaque année « xx grans tines et xx petites tines pour porter les raisins desdites vignes ». Ils devaient fournir aussi 12 charrettes de bois « pour chauffaige de ceux qui ouvrent au treul ». La vendange durait généralement de un mois à cinq semaines et pendant ce temps les habitants de Masevaux avaient droit au « pain, vin et pitance » quatre fois par jour et à la nourriture de leurs chevaux[1].

Les droits du duc de Bourgogne n'étaient pas bien nombreux. Cela tenait aux nombreux privilèges que les ducs d'Autriche avaient accordés à la ville, auxquels les bourgeois de Thann tenaient énergiquement et qu'ils savaient défendre. Les princes de la maison de Habsbourg n'avaient fait en cela que suivre les traditions des comtes de Ferrette dont ils étaient les héritiers légitimes. Parmi les privilèges auxquels la ville attachait une grande importance, on comptait le droit d'asile et celui de battre monnaie. Les proscrits et les condamnés trouvaient un refuge inviolable au lieu dit encore aujourd'hui le *Freyhof*, situé près de l'hôtel de ville[2].

Depuis 1387, Thann possédait le droit de battre monnaie. Elle avait obtenu des ducs d'Autriche celui de fondre et de frapper leur monnaie avec la taille et les droits qu'avaient leurs autres villes d'Alsace et du Sundgau. Ce n'était pas une monnaie indépendante, une monnaie municipale que la ville acquérait, c'était l'exploitation de la monnaie ducale; au lieu de monnayer eux-mêmes, les princes lui concédaient le droit de le faire à leur place. A partir de 1418 seulement, la ville com-

---

1. Rapp. Contault, f° 17 r°.
2. Véron-Réville, *Les anciennes Juridictions de l'Alsace*, p. 58. — Schœpflin-Ravenez, IV, p. 104.

mença à user de son privilège sous son propre nom et en marquant sa monnaie de son propre emblème. Elle le fit jusque vers 1565, mais alors son droit lui faisait éprouver de si grosses pertes qu'elle y renonça et les archiducs d'Autriche transportèrent l'atelier monétaire de Thann à Ensisheim (1584)[1]. Peu de temps avant d'engager ses possessions alsaciennes, Sigismond d'Autriche lui octroya, en 1469, des armes parlantes, empruntées au champ mi-partie d'Autriche et d'argent au sapin de sinople[2].

Nous arrivons maintenant au passage le plus curieux du rapport de Contault sur Thann, c'est celui qui a trait à l'organisation de la justice et à la juridiction criminelle alors en usage dans la ville et dans la contrée. Elle est infiniment intéressante et nous révélera une foule de traits de mœurs que nous chercherions vainement ailleurs.

Le duc avait haute, moyenne et basse justice, et, comme il n'était jamais là, tous ses pouvoirs passaient à son représentant, le grand-bailli. Lui seul aussi avait droit de gracier les condamnés, à l'exception toutefois des meurtriers, des traîtres, des espions, des sorciers, des faux-monnayeurs auxquels, dit laconiquement Brediaire, « ni a point accoustumé de faire grâce audit pays[3] ».

Le grand-bailli était président du tribunal, qui se composait de 24 conseillers de la villle, plus le receveur et un procureur. Ce tribunal seul avait le droit d'infliger la peine de mort. Les maires ou prévôts gouvernant les diverses localités dépendant de la seigneurie de Thann avaient droit de justice aussi, mais seulement celui de moyenne et basse justice. Ils étaient obligés de déférer à ce tribunal les criminels et l'on pouvait appeler de leurs sentences devant lui[4].

---

1. Hanauer, *Études économiques sur l'Alsace ancienne et moderne*, I, p. 109 et 110. — Arthur Engel et Ern. Lehr, *Numismatique de l'Alsace*, p. 232. — Schœpflin-Ravenez, IV, p. 104 et 105.
2. Schœpflin-Ravenez, IV, p. 105.
3. Rapp. Contault, f° VII v°.
4. *Ibid.*, f° VIII r°.

Au moment d'entrer en séance, ce qui avait toujours lieu le matin, les juges devaient être à jeun, « avant boire ne mangier ». Tous devaient être naturellement d'une honorabilité parfaite et aucun ne devait être bâtard, car autrement « le criminenx le pourroit rebouter ». L'accusé pouvait également récuser ses juges si l'un d'eux était convaincu publiquement d'adultère. Si toutes ces conditions exigées étaient remplies, ils pouvaient siéger. Après la séance, le receveur de Thann était tenu de leur donner « à disner aux despens de mondit seigneur (le duc)[1] ».

Les sentences qu'ils prononçaient étaient extrêmement sévères et les moindres délits étaient rudement châtiés. Le simple fait de faire un geste de menace, en portant la main au poignard placé dans la ceinture, de lever le poing ou de jeter une pierre à l'adversaire occasionnant une effusion de sang, était puni d'une amende de trente sous, dont vingt revenaient au duc, cinq au receveur et les cinq autres à la ville[2].

Les peines qui frappaient les voleurs étaient plus rigoureuses. Si un homme ou une femme commettaient un vol d'une valeur de cinq sous ou au-dessous, on leur fendait une oreille, et les deux, quand elle était de dix sous. Si la valeur était supérieure à cette somme, les hommes étaient pendus ou étranglés et les femmes noyées, à moins que le duc ou le grand-bailli ne leur fissent grâce[3]. Quant aux voleurs précoces âgés de moins de quinze ans, ils étaient livrés au bourreau qui les

---

1. Rapp. Contault, f° X r°.

2. « ...*Quant aulcun mect la main au cousteaul, ou lieve le poin, ou prent une pierre pour geter par courroux contre ung aultre pour le frapper, supposé qu'il le frappe a sang sans mort, il ne paye que XXX sous pour l'amende...* » A Reiningen, le duc « *a accoustumé es cas dessusdit prendre et avoir a cause desdites amendes, à son prouffit, XX sous seulement pour chacune desdites amendes de XXX sous et ne prennent rien lesdits receveurs, maires ou adjoins es aultres dix sols, pour ce qu'ils appartiennent à aulcuns gentilzhommes qui ne sont nommés qui ont accoustumé de les avoir à leur prouffit; et, est tenu ung chascun hoste de dénoncer audit receveur et procureur les débatz et exces qu'ils se font en leurs hostelz, et ainsi le jurent les diz hostes et s'ils font du contraire on les pugnisse comme parjus.* » (*Ibid.*, f° 11 r°.)

3. *Ibid.*, f°s 9 r° et v°, 19 v°.

promenait tout nus à travers la ville et les battait de verges. On ne leur infligeait pas d'amendes [1].

Un homme convaincu de blasphème, pour avoir invoqué méchamment le nom de Notre Seigneur, était condamné à être attaché, avec une chaîne de fer, au pilori qui se trouvait devant l'église de Saint-Thiébaut. Au cou on lui mettait un lourd collier de fer relié à cette même chaîne. Sur la tête on plaçait un papier où l'on écrivait les blasphèmes qu'il avait prononcés. En outre, on pendait à sa langue, avec un crochet de fer, une pierre pesant une livre. Cette exposition flétrissante avait lieu le dimanche qui suivait sa condamnation et durait aussi longtemps que la grand'messe et jusqu'à ce que le châtelain de Thann, représentant le duc, fît cesser son supplice. Une fois détaché de son pilori, et la langue meurtrie, le condamné était banni à perpétuité de la ville, à moins qu'on ne lui fit grâce [2].

Si une femme se rendait coupable du même crime, on lui mettait au cou une grosse pierre, « pesant environ un demy cent, en laquelle pierre est figuré le visaige d'une femme depiteusement fait ». A la langue, on lui en accrochait une autre; en main on lui donnait un cierge allumé et on l'obligeait à suivre dans cet état « la procession de l'église... pour lui faire honte et donner à congnoistre à un chascun qu'elle a blasfémé [3] ».

---

1. « Et, se jeunes enfans, jusques a leaige de XV ans, et au dessoubs font larrecins, quel quilz soit, on a accoustumé de le faire battre de verges, tout nuz, par l'exécuteur de la haulte justice, parmi la ville, jusques à la Croix du plain de la ville dudit Tanne, sans autre pugnicion et ny a mondit seigneur aucune amende. » (Rapp. Conlault, f° 10 r°.)

2. « ... Ceulx qui blasfement le nom de Nostre Seigneur Jhesus-Christ, on leur mect un colier de fer au col qui pend a une chaine de fer contre un pillier qu'est devant l'église dudit Tanne, le premier dimenche apres sa condempnacion, durant la grant messe parochiale, et lui mect l'on une feuille de papier sur la teste ou sont escripz les blasfemez, et avec ce, l'on lui pend a sa langue, a ung croichié de fer, une pierre pesant une livre qui soustient a sadite langue durant ladite messe et jusques a ce que le chastellain de mondit seigneur audit Tanne, ourdonne de la oster dilles, et ce faict, ledit chastellain le bannist des pays de mondit seigneur ou lui fait grace, ainsi qu'il lui plaist. » (Ibid., f° 8 r°.)

3. (Ibid., f° 8 v°.) — Ce châtiment infligé aux mauvaises langues semble avoir été fort répandu au moyen âge. Nous en trouvons la preuve dans Ducange, Gloss., VI,

A ce châtiment, déjà si sévère, on en ajoutait un dernier : on confisquait leurs biens, quand ils en avaient, ce qui n'était pas souvent le cas, à en croire Brediaire qui dit à ce propos : « mais on trouve peu ou néant de gens de bien a qui le cas adveigne[1] ». Pour les blasphèmes légers et qui n'entraînaient pas

---

64 ; Grimm, *Deutsche Rechtsalterthümer*, p. 669; Michelet, *Origines du droit français* (Paris 1837), p. 385. En Lorraine, on le trouve dès le XIIIe siècle. En Alsace, on ne connaissait jusqu'à présent que deux localités où l'on appliquait cette punition, c'était Mulhouse et Ensisheim. Le *Klapperstein* de Mulhouse est bien connu, grâce à l'étude que lui consacra jadis Aug. Stœber (*Revue d'Alsace*, 1856, p. 1-15). « Cette pierre, appelée indifféremment *Klapperstein* et *Lasterstein*, existe encore aujourd'hui ; elle est suspendue à une chaine au-dessous d'une fenêtre de l'hôtel de ville. Elle pèse environ douze kilogrammes et représente une tête de femme grotesque qui ouvre de grands yeux écarquillés et tire la langue. Au-dessus de la chaine qui la retient au mur, se trouve l'inscription suivante :

Zum Klapperstein bin ich genannt,
Den böszen Mäulern wohl bekannt,
Wer Lust zu Zank und Hader hat,
Der muss mich tragen durch die Stadt.

(Je suis nommée la pierre des bavardes, bien connue des mauvaises langues ; quiconque prendra plaisir à la dispute et à la querelle, me portera par la ville.)
S'il arrivait que deux femmes fussent condamnées à la porter, l'une d'elles se chargeait de ce lourd et singulier collier depuis la place publique jusqu'à l'une des portes de la ville, où l'autre la relevait alors. Un écriteau attaché sur le dos de celle qui momentanément ne portait pas la pierre, indiquait les noms et prénoms des deux bavardes ainsi que la nature du délit. Un de ces placards est conservé encore aux archives de Mulhouse. Aug. Stœber en donne la description (V. p. 10). Cette peine resta en usage dans cette ville jusqu'à la fin du siècle dernier. — Le mot de *Klapperstein* vient, d'après Stœber, du verbe *klappern*, claquer, caqueter, bavarder et les écrivains alsaciens du XVe siècle en ont fait un grand usage ; *Klappermann* dans Geiler et *Klappernarr* dans Schilter (*Gloss. Germ.*) signifient bavard. Brant et Murner ont l'expression *Klapperbenkly*, banc des bavards. Dans Geiler on trouve le proverbe : *einen Pfennig in die Klapperbuichs geben* (mettre un liard dans le tronc des bavards), c'est-à-dire bavarder à son tour. Strasbourg possède une ruelle nommée *Klappergasse* et la maison des aliénés à Ensisheim était appelée *Klapper*.
A Delémont, qui est voisine de l'Alsace, on retrouve également la pierre des bavardes (V. art. 15 du règlement de police du 30 juillet 1556 dans Trouillat, *Mon. de l'év. de Bâle*, IV. 97). En 1793, les femmes de Delémont s'insurgèrent contre elle et en firent l'objet d'une motion au club des tricoteuses à bonnet rouge ; elles décidèrent, à l'unanimité, que la ci-devant pierre, étant entachée de féodalité, devait être mise hors la loi. Elles voulurent la briser, mais on l'avait mise en lieu sûr. Elle fut retrouvée vers 1866 par M. A. Quiquerez, qui en a laissé la description. C'était une pierre non taillée, ayant, comme celle de Mulhouse, la forme d'une poire et munie des deux côtés d'anneaux de fer se dressant comme des oreilles et dans lesquels on passait une corde pour la suspendre au cou des condamnées. (*Revue d'Alsace*, 1866, p. 171 et 172.)

1. Rapp. Contault, fo VIII vo. — En 1472 on n'enregistra qu'un seul cas de ce genre : « *Mesmement en ceste presente année, environ Pasques, on vit advenir ung cas d'un nommé Michel Delof, dont est fait mention en son compte (de Brediaire) de l'an LXII.* »

le supplice de la pierre suspendue par un crochet à la langue, on n'infligeait, ni amendes, ni confiscation et Contault ne nous dit pas quelle peine ils encouraient.

Un supplice atroce était infligé aux traîtres, aux faux-monnayeurs et aux faussaires de lettres. Les premiers étaient fendus tout vifs en quatre quartiers et la tête était laissée du côté droit[1]; les seconds étaient mis dans une chaudière pleine d'huile et bouillis. On était plus raffiné en Alsace qu'ailleurs où on plongeait simplement ces criminels dans de l'huile bouillante. A Thann on les bouillait à petit feu. Contault le dit expressément : « On les mect boulir et mourir en une chaudière en huille[2]. » Les biens des traîtres et des faux-monnayeurs étaient naturellement confisqués au profit du duc.

Les parjures étaient condamnés à être placés sur une échelle « tout droit », la main droite levée, l'index et le médian également levés, les autres doigts liés. Ils se tenaient là le dimanche pendant toute la durée de la grand'messe, à l'issue de laquelle, on leur tranchait les deux doigts et on les bannissait du pays à moins qu'on ne les graciât[3]. Dans ce cas, on leur infligeait une forte amende qui toutefois ne pouvait pas dépasser dix livres balois.

Les meurtriers, les sorciers, les sodomites, bref tous les gens auxquels on n'avait pas l'habitude de faire grâce, étaient roués vifs, et Contault nous dit avec une nonchalance féroce comment procédait le bourreau. Il commençait par rompre, sans doute comme partout ailleurs, avec une grosse barre de fer, les bras, les jambes et le dos, « c'est assavoir les bras et

---

1. « ... *Les traictres on les mect en quatre quartiers tous vifs et laisse l'on la teste au quartier dextre.* » (Rapp. Contault, f° 9 r°.)

2. *Ibid.*, f° 9 r°. 20.

3. « ... *On a accoustumé pour la pugnicion du parjus le mectre devant l'église dudit Tanne, à ung jour de dimenche, durant la grant messe, sur une eschelle tout droit, quand il est trouvé par justice avoir dit contre vérité et faulté son serment, tenans les deux doiz de la main drokte qu'il lui est lyée en celle forme de cordes, et au partir de ladite messe, on a accoustumé de lui faire copper lesdiz deux doiz ou cas que le prince ou son bailli ne lui feroit grace, moyennant amende cirile jusques a X livres balois et au dessous, et, se l'on lui coppe lesdiz deux dois, on a accoustumé de le bannir hors du pays, s'il n'a grace comme dit est.* » (*Ibid.*, f° 9 v°.)

jambes chascun en deux lieux et le dos par le milieu et [pour] povoir faire, on les meet sur la roue tous vifs, selon la coustume du pays ». Puis on les brûlait[1].

On le voit, la justice était très rigoureuse à Thann vers la fin du xv⁰ siècle. Les renseignements que nous donne Guillaume Brediaire sont assurément fort incomplets et ne forment pas un code complet de juridiction criminelle, mais tels qu'ils sont ils nous révèlent bien des particularités curieuses et c'est ce qui fait leur intérêt.

III

Les bourgeois de Thann avaient un grand attachement pour la maison d'Autriche qui les avait comblés de privilèges et de libertés. Aussi ne virent-ils pas d'un œil très favorable la cession d'une partie de la Haute-Alsace, du Sundgau et des Villes Forestières à Charles le Téméraire. Sigismond d'Autriche ne les avait jamais beaucoup gênés. Le désordre était à son comble dans tous ses états et les gens de Thann s'étaient, comme tout le monde, fort bien accommodés d'une pareille situation et en avaient profité. Ils se rendaient bien compte que sous un maître, comme le duc de Bourgogne, un laisser-aller de ce genre prendrait fin rapidement. De là leur mécontentement, leurs sourds murmures, leurs récriminations constantes, leur mauvais vouloir manifeste, qui aboutirent enfin à la révolte ouverte en juin 1473. Il est bien possible que les hostilités non déguisées qu'ils menaient contre Mulhouse n'étaient dictées que par le désir de créer des embarras au gouvernement bourguignon[2].

---

1. Rapp. Contault, f⁰ˢ 9 r⁰, 10 r⁰.
2. Les plaintes de Mulhouse contre les habitants de Thann étaient très fréquentes. En septembre 1469, les gens d'Ensisheim et de Thann, ainsi qu'un vassal de H. de Ramstein, empêchèrent les bourgeois de Mulhouse de vendre et d'acheter à la foire de Saint-Gall à Didenheim, à Frœningen et ailleurs. Les gens de Mulhouse n'étaient plus admis ni à Thann, ni à Ensisheim, ni à Altkirch, quoiqu'ils eussent de leur côté laissé leur ville ouverte à tous les vassaux de la seigneurie. Au messager juré de Mulhouse, on prit sa boîte en argent, avec les lettres qui furent portées d'abord à Habsheim, puis à Landser; la boîte elle-même fut envoyée à l'orfèvre de Thann, après

Quoi qu'il en soit de leur répugnance à passer sous la souveraineté de Charles le Téméraire, ils durent se soumettre. Si nous en croyons la teneur de l'acte même de cession, il semble que, de son côté aussi, Sigismond d'Autriche ne se soit défait qu'à regret de cette ville, qu'il aurait bien voulu garder. Mais, le duc de Bourgogne tenait bon et ne consentait à lui avancer 10,000 florins, sur les 50,000 exigés par les Suisses, conformément au traité de Waldshut, que moyennant l'abandon immédiat de Thann qui avait une importance capitale pour lui [1]. La ville avait été engagée par le duc Albert d'Autriche à Henri Reich de Reichenstein pour la somme de 12,000 florins [2]. Aussi, le premier soin du nouveau gouvernement fut-il de la racheter. Comme Sigismond d'Autriche était toujours à court

que le messager eût été dépouillé et rançonné. Des brigands de grand chemin s'établirent autour de Mulhouse, enlevant les charrues, coupant les vignes et empêchant l'accès de la ville. Aussi les gens de Mulhouse firent-ils appel au margrave R. de Hochberg pour obtenir, en ce qui les concernait, l'exécution du traité de Waldshut et notamment la sécurité des routes et des personnes, la liberté du commerce, la défense du passage aux ennemis de la ville, la levée de l'opposition à la rentrée des créances, préservation de leur messager de toute attaque, restitution du bétail et réparation des injures et des dommages causés. (Cart. Mulh. n° 1468.)

A ces vexations les Mulhousois ripostaient en n'acquittant plus les dettes qu'ils avaient contractées chez les bourgeois de Thann et aucune poursuite ni procédure, même devant le tribunal aulique de Rottweil ne pouvait les contraindre à s'exécuter. (Cart. Mulh. n° 1373.) Les habitants de Thann se rendirent coupables d'actes de brutalités et de violences. C'est ainsi que, en août ou en septembre 1469, Schwartzhanns, le portier de Thann, proféra d'horribles menaces contre les gens de Mulhouse, surtout contre une femme enceinte de Mulhouse qui s'était rendue auprès du Saint-Thiébaut, contrairement aux traités, aux défenses du duc de Bourgogne, aux franchises de la foire de Kingersheim. (Griefs de Mulhouse contre les vassaux autrichiens à l'occasion de la foire de Saint-Adolphe à Kingersheim.) [Cart. Mulh. n° 1405.]

Les plaintes de Mulhouse n'étant suivies d'aucun effet, celle-ci s'adressa à ses amis les Confédérés et, le 29 août 1473, les députés suisses réunis à Bâle écrivirent à Pierre de Hagenbach pour le prier de protéger davantage les habitants de cette ville contre les entreprises de leurs ennemis. (Cart. Mulh. n° 1637.)

1. *Fontes Rerum Austriacarum*, II, 231-236. — Chmel, *Mon. Habsb.*, I, 8 : *Littera concordie discordiorum an dux Sigismundus teneatur castrum cum onere vel sine onere solutionis XII millium florenorum.*

2. Arch. Côte-d'Or, B. 1049. — Au bas de l'acte figurent comme témoin : Martin de Stauffen, Bernard de Bollwiller, Pierre de Morimont, Marcard de Baldeck, Werner Hadmanstorffer, Conrad de Ramstein, Frédéric de Haus et Jean de Hirzbach. — Il existe aux archives de Dijon (B. 1047) une autre pièce datée du samedi avant *Lætare* 1457 (26 mars 1468,) par laquelle Sigismond d'Autriche déclarait avoir repris puis commis à Henri Reich de Reichenstein, « *son maistre d'hostel et son tres cher compaignon, nos chastel, ville, seigneurerie et toute l'office de Thann en toutes ses appartenances pour 12,000 fl. d'or* », qu'il tenait déjà de son oncle Aubert (Albert) d'Autriche.

d'argent, la ville lui avait offert, antérieurement déjà, de payer cette somme au seigneur de Reichenstein. De la sorte, Sigismond devenait débiteur de Thann. Il avait accepté, et, le 27 décembre 1467, Thann avait payé 4,000 florins, plus tard 2,000 encore à Henri de Reichenstein. Il ne restait donc plus que 6,000 florins à payer[1].

Charles le Téméraire aurait bien voulu que les bourgeois les payassent aussi ; mais ils s'y refusèrent[2]. Sur sa prière, Sigismond s'entremit lui-même sans obtenir de resultat. Pierre de Hagenbach intervint à son tour, sans plus de succès. En novembre alors, voyant que tout était inutile, le duc envoya au grand-bailli par Besançon Philibert des instructions détaillées et lui ordonna de racheter la ville et la seigneurie, en lui recommandant toutefois encore, de tâcher de faire revenir les bourgeois de Thann sur leur décision[3]. Cette dernière tentative échoua comme les précédentes et, le 19 juin 1470, enfin, après de longues négociations, Guilbert de Ruple et Jean de Lestaghe payèrent à Henri Reich de Reichenstein la somme de 6,580 florins d'or. En échange, on rendit à J. de Lestaghe les lettres d'engagement délivrées par Albert et Sigismond d'Autriche. La quittance fut scellée à Bâle, au couvent des Augustins, et, parmi les témoins, on relève le nom du célèbre Pierre d'Andlau, docteur en droit, prévôt de Lautenbach[4].

Auparavant, le duc de Bourgogne avait nommé Pierre de Hagenbach bailli de la ville et de la seigneurie et gouverneur du château de Thann ou Engelbourg[5]. Pour se conformer aux coutumes du pays, il avait dû, avant de recevoir le

---

1. Bernouilli, *l. c.*, p. 336.

2. Le duc avait déclaré qu'il renoncerait en faveur des bourgeois de Thann à la jouissance de tous ses droits sur la ville aussi longtemps qu'il ne leur aurait pas remboursé cette somme. (Chmel. *Mon. Habsb.*, I, 9. Mone, *Quellensammlung*, III, 419.)

3. Instructions pour messire Pierre de Hacquembach, datées du 8 décembre 1469. (Arch. Côte-d'Or, B. 1049.) En cas de refus, le grand-bailli devait tâcher d'obtenir l'ajournement du paiement au 1er mars 1470.

4. Arch. Côte-d'Or, B. 1049. — Une copie sur rouleau de parchemin existe à Lille (Ch. des Comptes, 16180 provisoire), mais porte la fausse date du 19 mars.

5. Bernouilli, *op. cit.*, p. 337.

serment d'obéissance des magistrats de la ville et des villages dépendant de la seigneurie, jurer lui-même de sauvegarder tous leurs droits et privilèges[1].

Le grand-bailli fit dès lors de Thann sa résidence principale. Nous avons vu qu'il y possédait lui-même des biens et durant son gouvernement trop court, il y fit de fréquents séjours. C'est là que venaient le trouver les nombreux envoyés du duc de Bourgogne qui, fidèles à leurs instructions, se transportaient « au lieu de Tanne en la conté de Ferrates, devers le sire Pierre de Hacumbach ». C'est une formule qui revient constamment et qui nous prouve bien que Thann était considérée comme la capitale réelle du pays nouvellement acquis, au détriment d'Ensisheim, qui n'était plus que la capitale administrative.

Si l'on remonte un peu plus haut, on verra qu'il en fut ainsi dès les premiers jours de la cession. C'était là que se trouvait le siège du gouvernement provisoire, avant la nomination du grand-bailli. C'est là aussi qu'eut lieu le fameux diner du 21 juin 1469, qui est si curieux pour les mœurs épulaires de l'époque[2]. Il serait difficile de dire où il eut lieu, mais très probablement au château qui devait posséder, malgré son délabrement, au moins une salle à peu près close. Après tout, on était en plein été et l'air circulait plus librement à travers les baies sans fenêtre.

Il y avait trois tables carrées couvertes d'une « simple nappe de toile sans ouvrage » et les serviettes étaient également de toile. A la première avait pris place Sigismond d'Autriche, sans chausses, vêtu d'un pourpoint et d'un collet de drap d'argent, couvert d'une longue « chemise » qui lui tombait jusqu'aux pieds, recouverte elle-même d'une robe d'écarlate ; à côté de lui étaient le marquis de Bade, « vestu d'un manteau

---

[1] Witte : *Zur Gesch. der burg. Herrschaft am Oberrhein* (*Zeitschrift f. d. Gesch. des Oberrheins*, Neue Folge, II, p. 150, note 2).

[2] *Recueil de légendes, chroniques et nouvelles alsaciennes*, p. 132, sqq. — Ch. Gérard, *l'Ancienne Alsace à table*, p. 82, 83.

rouge et d'un petit chaperon découpé et sans cornette », puis les cinq commissaires bourguignons: Rodolphe de Hochberg, margrave de Rœtteln et Sausenberg, Pierre de Hagenbach, Guillaume de la Baulme, sire d'Illens, Jean Carondelet, juge de Besançon, et Jean Poinsot, procureur du bailliage d'Amont. A la seconde table étaient les chevaliers et gentilshommes et à la troisième des personnages de moindre importance.

Le menu devait paraître assez grossier à des gens habitués à la délicate cuisine ducale de Bourgogne. Il ne valait certainement pas celui du fameux banquet du Vœu du Faisan. Il se composait d'un plat d'œufs pochés et d'œufs à la coque (*œufs ponchiés et coqués*), un plat de vairons, puis des chabots (*chaffots*), un plat de navets (*raves*) cuits à l'eau, un plat de petites truites (*troites*) coupées en deux et cuites à l'eau, et deux écuelles pleines de vinaigre, un plat de soupe de « cerises fortes », des truites dans une sauce jaune, des pois en cosse, des truites rôties et enfin des beignets (*bugnets*) en forme de poires. Sur les tables il n'y avait ni assiettes, ni argenterie, on se servait, en guise d'assiette, de morceaux de pain minces ayant cette forme et que le trancheur remplaçait à chaque nouveau service et jetait « en ung panier à vendangier estant au milieu de la chambre ». Tous les mets étaient largement saupoudrés de safran et apportés dans des plats que l'on mettait au milieu de la table et chacun y puisait avec ses doigts. Sur chaque table il y avait deux grandes coupes pleines de vin, auxquelles les convives buvaient à même et qui étaient remplies à mesure. A la fin du repas, on apporta de quoi se laver les mains. On devait en avoir besoin.

Cinq ans plus tard, Thann était de nouveau en fête, mais la gaieté des bourgeois ne devait pas être bien démonstrative. On célébrait le mariage de Pierre de Hagenbach avec la comtesse Barbe de Montfort ou de Thengen[1] et le grand-bailli

---

1. On ne possède aucun renseignement sur la seconde femme de P. de Hagenbach. Knebel nous dit seulement qu'elle était la sœur de la femme de Marc de Baldeck (p. 58). Par suite d'une faute d'impression il faut lire dans notre étude sur Pierre de

n'était pas aimé par les habitants. La fête du 24 janvier 1474 n'en fut pas moins très brillante. Les évêques de Strasbourg, de Bâle et de Constance, et une foule de dignitaires ecclésiastiques, de grands seigneurs et les magistrats des villes y avaient été invités. Ce fut pendant huit jours une animation extraordinaire dans les rues de la ville, peu propre à calmer la sourde irritation des habitants de Thann qui ne se souvenaient que trop encore du sanglant châtiment que leur avait infligé, six mois auparavant, Pierre de Hagenbach[1].

Le grand-bailli venait d'établir l'impôt dit du *mauvais denier* (*der böse Pfennig*), sur lequel nous avons si peu de renseignements, et dont nous savons seulement qu'il pesait sur le vin. C'était frapper rudement la ville dont la population s'occupait surtout de viticulture. Le mécontentement fut extrême et tourna rapidement à la révolte ouverte.

A la première nouvelle du mouvement insurrectionnel qui venait d'éclater, Hagenbach prit, avec son énergie habituelle, les mesures nécessaires pour l'étouffer. Le château d'Engelbourg était garni, comme nous l'avons vu, d'une assez nombreuse artillerie qui pouvait réduire la ville en quelques heures. Toutefois, avant de recourir aux moyens extrêmes, le grand-bailli envoya en toute hâte des courriers au duc de Bourgogne et à l'Empereur pour les informer des événements qui venaient de se produire. Ils lui répondirent immédiatement en lui donnant pleins pouvoirs pour réprimer la révolte promptement.

Le 3 juillet il arriva devant Thann avec une petite armée[2]. La résistance fut de courte durée. Pendant que l'artillerie bourguignonne la foudroyait du haut du château, lui-même attaqua la ville du côté de la plaine d'Alsace et la prit d'assaut le même jour. Le lendemain commença la justice du grand-bailli. De bon matin, il fit arracher de leurs lits la plupart des

---

Hagenbach..., p. 96, note 1 : ...elle était sœur de la femme de feu Marc de Baldeck... et non : elle était sœur de feu Marc de Baldeck.

1. V. *Pierre de Hagenbach...*, p. 96.
2. *Reimchronik*, ch. 31. *Archiv-Chronik* de Strasbourg, p. 185. Witte : *Der Zusammenbruch...*, p. 9.

bourgeois notables, fit conduire les uns à l'hôtel de ville, les autres, au nombre d'une trentaine, furent enchaînés et menés sur la place publique pour y être décapités. Tous les bourgeois furent désarmés et durent jurer de no point chercher à sortir de la ville sans la permission de Pierre de Hagenbach.

Malgré ses menaces, le grand-bailli ne fit subir la peine capitale qu'à quatre bourgeois les plus compromis[1]; il se laissa fléchir par les prières des assistants, parmi lesquels se trouvaient le comte Oswald de Thierstein et le sire Jean-Erhard de Reinach[2]. Mais, s'il leur fit grâce de la vie, il les condamna à payer une forte amende. Quant aux cadavres des suppliciés, ils restèrent exposés pendant plusieurs jours au lieu de leur exécution avant d'être enterrés.

Lorsque, quelques mois après, le 8 janvier 1474, Charles le Téméraire, accompagné de Pierre de Hagenbach, se rendit à Thann, où il séjourna pendant deux jours avant de se diriger sur Montbéliard[3], il approuva la sévère répression que son gouverneur avait été obligé d'exercer. Toutefois, il rendit, sur la demande même de Hagenbach, leur liberté et leur parole à ceux des bourgeois qui avaient été forcés de jurer de no point sortir de la ville. Ils reconnurent cette clémence inattendue en offrant comme cadeau au duc 1,200 florins et 300 au grand-bailli[4]. Le fait est incontestable, car il nous a été transmis par le chapelain Knebel, peu suspect de partialité envers Charles le Téméraire ou envers Pierre de Hagenbach. Cela n'a pas empêché Diebold Schilling de prétendre que ce don n'était qu'une amende infligée à la ville par le duc, sur les conseils du grand-bailli, qu'il traite à cette occasion, avec sa verdeur habituelle, de *wüthendes Schwein* (cochon enragé)[5]. C'est à ce moment-là

---

1. La *Reimchronik* ne parle que de trois suppliciés, tandis que l'*Archiv-Chronik* en mentionne cinq. V. encore Stœber: *Peter von Hagenbach burgundischer Landvogt im Sundgau und Elsass...* (Alsatia, 1850, p. 11, sqq.)
2. Diebold Schilling, *Burgunder Kriege*, p. 81.
3. Knebel, p. 51.
4. Ochs, *Gesch. der Stadt Basel*, IV, 240. — Knebel, p. 52.
5. *Burgunder Kriege*, p. 80-100. — Rodt, *Felzüge*, I, p. 197.

aussi que les envoyés de Berne vinrent à Thann et reçurent, du duc et de son lieutenant, un accueil fort aimable. Dans le rapport qu'ils rédigèrent à ce sujet, ils allèrent même jusqu'à qualifier Pierre de Hagenbach de *brave homme*[1].

Cette clémence ne rendit pas au grand-bailli l'affection des bourgeois de Thann. Ils furent parmi les premiers qui refusèrent l'obéissance au duc de Bourgogne, quand on apprit en Alsace que Sigismond d'Autriche avait fait la paix avec la Suisse et que l'argent destiné au rachat des pays engagés à Charles le Téméraire était prêt. L'annonce de cet événement provoqua sans doute, à Thann comme à Bâle, une grande joie, mais elle fut un peu moins démonstrative, car le château était encore aux mains des Bourguignons.

Cette nouvelle n'affectait que médiocrement le grand-bailli qui connaissait trop bien Sigismond d'Autriche pour le tenir en bien haute estime, pour croire à la sincérité de ses sentiments et à une possibilité de sa part à payer une aussi forte somme. Néanmoins, il se défiait aussi de la fidélité de ses administrés et particulièrement de Thann, d'Ensisheim et de Brisac, et, comme il venait de recevoir des renforts de Bourgogne, composés en majorité de Lombards et de Picards, routiers dont les excès ne connaissaient nul frein et qui étaient particulièrement abhorrés en Alsace, il résolut de s'assurer de ces villes. Mais quand il vint devant les portes de Thann, il fut bien étonné de voir tous les bourgeois en armes et leurs chefs refuser l'entrée à sa troupe. Lui seul put y pénétrer et voir les rues remplies d'habitants également armés. Quoique seul au milieu d'eux, il ne perdit point contenance et, dissimulant la colère qui grondait en lui, il ressortit en remerciant les bourgeois de garder avec tant de soin la ville à leur souverain[2].

C'était là un échec grave. Le fait n'était pas à dissimuler

---

1. Rodt, *l. c.*, I, 195. — Foster Kirk, *Hist. de Charles le Téméraire* (édition Flor. O'Squarr), III, 167.

2. *Reimchronik*, chap. 116 et 117. — Knebel, p. 71, prétend que Hagenbach n'aurait même pas pu entrer en ville.

et, étant donné le caractère du grand-bailli, on ne comprend pas très bien pourquoi il n'ait pas pris immédiatement la ville de vive force, d'autant plus que le château d'Engelbourg lui appartenait encore. Sans doute il avait déjà connaissance de la fermentation qui régnait dans le pays[1] et qui pouvait faire explosion d'un moment à l'autre et il n'avait pas assez de soldats pour résister à un soulèvement général. Il éprouva un échec semblable devant Ensisheim et se retira à Brisac où il n'allait pas tarder à succomber.

Thann ouvrit peu de temps après ses portes à Sigismond et Antoine de Montreux, gendre de Pierre de Hagenbach, fut contraint à son tour de lui livrer le château[2]. Le duc d'Autriche avait repris tout le pays sans bourse délier, car Charles le Téméraire ne revit jamais les sommes qu'il avait déboursées.

Telle fut, en quelques traits rapides, l'histoire de Thann sous la domination bourguignonne. Elle eut une existence très mouvementée que nous avons essayé de retracer, autant que la rareté des documents nous a permis de le faire.

---

1. C'est à la suite de cet échec qu'il fit enlever de la ville tout ce qu'il y avait en biens meubles et l'envoya dans un de ses châteaux en Lorraine où sa femme se trouvait déjà. (Knebel, p. 66.)

2. Nous ne connaissons pas la date exacte de la capitulation, mais nous savons que le 30 avril Étienne de Hagenbach occupait encore le château, ainsi que le prouve la lettre adressée par Gaspard de Hertenstein et Pierre Rust à l'avoyer et au conseil de Lucerne. (Mossmann, Cart. Mulh. n° 1755.)

Nancy. — Imp. Berger-Levrault et Cⁱᵉ.

www.ingramcontent.com/pod-product-compliance
Lightning Source LLC
Chambersburg PA
CBHW061011050426
42453CB00009B/1380